Inhalt

Pharmahandel - Medikamentenverkauf bringt zu wenig Geld

Anja Schneider

Kernthesen

- Zu den wichtigsten Unternehmen im deutschen Pharmagroßhandel zählen Phoenix, Celesio und Anzag.
- Alliance Boots besitzt jetzt 95 Prozent an der deutschen Anzag und hat sich somit den Markteintritt in Deutschland erkauft.
- Auf dem internationalen Markt fusionieren die britische Alliance Boots und die amerikanische Walgreens. Zusammen steigen sie zum weltweit größten Apotheken- und Drogeriebetreiber auf.
- Das Sparen im Gesundheitssystem nervt sowohl die deutschen Apotheken als auch

die Pharmagroßhändler; sie wollen wieder mehr Geld verdienen am Medikamentenverkauf.

Beitrag

AMNOG erzürnt weiterhin Apotheken und Großhandel

Das AMNOG fordert dem Pharmahandel seit 2011 jährliche Einsparungen in der Größenordnung von rund 400 Millionen Euro ab. 200 Millionen Euro muss der Großhandel aufbringen, die anderen 200 Millionen Euro gehen zu Lasten des Einzelhandels, also der Apotheken. Beide Branchenteilnehmer sind erzürnt über die finanziellen Belastungen, die die Margen, die durch gesetzliche Kürzungen und einen kräftigen Rabattwettbewerb der Anbieter ohnehin schon unter Druck stehen, weiter schmälern. Der Pharmagroßhandel kürzte die Apotheken-Konditionen 2011 um rund 50 Millionen Euro. Das hat das Verhältnis zwischen Pharmagroßhändlern und Apothekern strapaziert. Viele Apotheker sind sauer auf die fortgesetzten Sparmaßnahmen der Politik, die die Apothekerhonorare immer weiter senken; etliche Pharmazeuten bringen ihren Ärger mittlerweile öffentlichkeitswirksam zum Ausdruck (Schaufensteraktionen, YouTube-Filme). (1), (2), (3), (4)

Pharmagroßhandel

Der Pharmagroßhandel mit seinen etwa 13 Vollsortimentern ist das Bindeglied zwischen den etwa 1 500 Herstellern von pharmazeutischen Produkten und den Apotheken in Deutschland. Das Geschäft in der Heimat macht den Großhändlern zunehmend weniger Spaß. Dafür sorgen hoher Wettbewerbsdruck, politisch erzwungene Einsparungen, Kostensenkungen, schrumpfende Margen, Ärger mit den Apotheken. Die Großhändler sinnen also auf neue Geschäfte, die mehr Profit abwerfen.

Zu den wichtigsten Unternehmen im deutschen Pharmagroßhandel zählen Phoenix aus Mannheim (Marktanteil 30 Prozent), Celesio (gehört zur Duisburger Haniel-Gruppe, Marktanteil 16 Prozent) und Anzag aus Frankfurt (ebenfalls Marktanteil 16 Prozent).

Phoenix ist Nummer eins

Phoenix ist Marktführer in Deutschland mit zuletzt 21,66 Milliarden Euro Umsatz. Der Konzern ist in Europa in 22 Ländern im Großhandel tätig, in elf

Ländern Marktführer und nur in zwei Regionen nicht unter den Top drei. Er setzt auf Wachstum in osteuropäischen Ländern, ist außerhalb Deutschlands in zwölf Ländern ebenfalls mit Apothekenketten vertreten und bietet auch Eigenmarken (zum Beispiel bei Nahrungsergänzungsmitteln). (5)

Celesio restrukturiert sich

Celesio, der Stuttgarter Pharmagroßhändler, strukturiert um und will sich künftig auf sein Kerngeschäft Großhandel konzentrieren, um wieder aus den roten Zahlen herauszukommen. Die Logistikdienstleistungstochter Movianto soll an den amerikanischen Großhändler und Logistikdienstleister Owens & Minor verkauft werden, die Tochter Pharmexx, der Großhandel und die Apotheken in der Tschechischen Republik und der Großhandel in Irland werden abgestoßen. Auch für die DocMorris-Versandapotheke und die rund 160 DocMorris-Franchiseapotheken werden Käufer gesucht. Den Plan eine eigene Apothekenkette aufzubauen, hat Celesio somit aufgegeben. Allerdings will Celesio den deutschen inhabergeführten Apotheken die Partnerschaft in einem europäischen Apothekennetzwerk anbieten. Zukünftiges Wachstum verspricht sich das Unternehmen auch von einem Modell, das es in Brasilien bereits realisiert hat. Dort gründete Celesio eine Tochtergesellschaft, die eine ausgewählte Anzahl großer Krankenhäuser und Apotheken mit teuren und aufwendig zu transportierenden Medikamenten wie Krebsmittel beliefert. Dieses Modell will Celesio nach Europa übertragen. (6), (7), (8)

Anzag gehört Alliance Boots

Auf dem internationalen Markt herrscht derzeit Bewegung: Der britische Pharmagroßhändler und Drogist Alliance Boots und der führende amerikanische Drogeriemarktbetreiber Walgreens fusionieren. In ungefähr drei Jahren wird Walgreens die Briten dann komplett übernehmen. Die Einzelhandelskette Walgreens ist Marktführer in den USA, vertreibt auch Arzneimittel und Drogerieartikel, hat 8 300 Verkaufsstellen und erzielte im vergangenen Jahr mit rund 250 000 Mitarbeitern einen Umsatz von 57 Milliarden Euro. Alliance Boots betreibt rund 3 300 eigene Apotheken und Drogerien, hat rund 115 000 Mitarbeiter und brachte es zuletzt auf einen Jahresumsatz von 25 Milliarden Euro. Zusammen werden die beiden Unternehmen den weltweit größten Apotheken- und Drogeriebetreiber mit rund 60 Milliarden Euro Umsatz bilden, der mit 370 Distributionszentren bis zu 170 000 Kunden (Apotheken, Ärzte, Gesundheitszentren, Krankenhäuser) in 21 Ländern beliefert. (9)

Diese Allianz wird wohl auch Auswirkungen auf die deutsche Anzag (zuletzt 4,4 Milliarden Euro Umsatz) haben, da Alliance Boots inzwischen einen Anteil von mehr als 95 Prozent an Anzag besitzt. Anzag hat angekündigt, im September bei der Hauptversammlung die Umbenennung des Unternehmens in Alliance Healthcare Deutschland vorzuschlagen. Alliance Boots hat nunmehr also den Markteintritt in Deutschland geschafft. Vor kurzem hatte Anzag angekündigt, neue Logistik- und Vertriebsservices für Pharmahersteller anzubieten und mit den Eigenmarken des Mutterkonzerns Alliance Boots hierzulande auch ein Endverbrauchergeschäft aufzuziehen. (9), (10), (11), (2)

Apotheken

Anzahl rückläufig

Der Trend des Apothekensterbens hält an. Im vergangenen Jahr zählte die Bundesvereinigung Deutscher Apothekerverbände (ABDA) 21 238 Apotheken, mit 221 gab es weniger Neueröffnungen als noch im Vorjahr, hingegen schlossen mit 424 noch mehr Apotheken ihre Türen als in 2010. Zahlen der Apothekerverbände zufolge machten allein im ersten Halbjahr 2012 sechs Apotheken pro Woche dicht. Vor allem betroffen sind ländliche Gebiete. Betrachtet man die Apothekendichte (Anzahl Einwohner je Apotheke), so liegt Deutschland im Mittelfeld Europas (EU-27). An Nummer eins liegt Dänemark mit 17 700, das Schlusslicht ist Griechenland mit 1

200, Deutschland rangiert mit 3 800 auf Rang 13. (12)

Die deutschen Apotheken schaffen über 148 000 Arbeitsplätze (Apotheker, Pharmazeuten im Praktikum, Apothekerassistenten, Pharmazie-Ingenieure, Pharmazeutisch-technische Assistenten, Pharmazeutisch-kaufmännische Angestellte). Sie versorgen vier Millionen Kunden pro Tag, erstellen 15 Millionen Rezepturen pro Jahr für Versicherte der Gesetzlichen Krankenversicherung und eine Million für Kinder maßgeschneiderte Rezepturen pro Jahr in der GKV-Versorgung.

Den Apothekenumsatz 2011 beziffert die ABDA auf 40,9 Milliarden Euro. Abgesetzt wurden 1 396 Millionen Packungen. Bei den Arzneimitteln machen die verschreibungspflichtigen Medikamente mit 32,5 Milliarden Euro den Löwenanteil (79,5 Prozent) aus. Die apothekenpflichtigen Arzneimittel kommen auf einen Umsatz von 4,3 Milliarden Euro (Anteil 10,5 Prozent), die freiverkäuflichen Produkte auf nur 9,2 Milliarden Euro (Anteil 0,5 Prozent). (13), [Abb. 1]

OTC-Umsatz weiterhin stagnierend

Zwei Drittel der Apotheken sind in Kooperationen organisiert (zum Beispiel "Meine Apotheke", "Guten Tag Apotheken"), wovon sie sich bessere Einkaufskonditionen und gemeinsame Marketingaktivitäten versprechen. Immer mehr Apotheken streben danach, nicht nur Rezepte abzuarbeiten, sondern ihren Umsatz an freiverkäuflichen Produkten (OTC, Over-the-Counter) zu steigern. Doch bislang greifen die Marketingaktivitäten nur wenig. Der OTC-Gesamtumsatz stagniert das dritte Jahr hintereinander (1. Quartal 2012: 1,23 Milliarden Euro). Das soll sich ändern, die Marketingexperten der OTC-Hersteller und der Kooperationen bieten Mitarbeiterschulungen an, bauen die Beratungskompetenz aus, denn der Apothekenkunde lässt sich durch eine Empfehlung einer kompetenten Apothekerin durchaus zum Kauf verlocken. Werbehilfen sollen die Kunden in die Apotheken treiben. Auch die Apotheken selbst lassen sich mittlerweile diverse kreative Aktionen einfallen, beispielsweise Kosmetikworkshops, in denen die Kundin ihre perfekt auf ihre Hautbedürfnisse abgestimmte Creme mixt und sie dann frisch gerührt beim Apotheker abholt, Experten stellen den Kunden individuelle Mischungen von Vitalstoffen zur Leistungssteigerung zusammen, Diabetiker werden explizit rundum betreut. (14)

Versandhandel wächst

Das Geschäft des Apothekenversandhandels wächst. In den ersten sechs Monaten des Jahres kletterte der Umsatz um sechs Prozent im Vergleich zum Vorjahr auf 680 Millionen Euro. Das entspricht drei Prozent am gesamten Apothekengeschäft. Vor allem Produkte zur Selbstmedikation bezieht der Kunde gerne über diesen Vertriebsweg. [Abb. 2] (15)

Trends

Arnzeimittellogistik als Wachstumsfeld

Die Pharmahersteller lagern Logistikaufgaben immer mehr aus. Haben viele ihre Transportdienstleistungen bereits an Fremdanbieter vergeben, werden immer öfter auch höherwertige Services - beispielsweise die Annahme der Endkundenbestellung, die Bereitstellung über das Distributionslager, der Transport zu Apotheken, Krankenhäuser und Großhändler, die Rechnungsstellung, das Umverpacken oder die Neuetikettierung von Produkten - an Logistikdienstleister vergeben. Die Pharmagroßhändler haben oftmals eigene Geschäftsbereiche, die derartige Logistikdienstleistungen anbieten. Doch auch branchenfremde Logistikunternehmen drängen in den Markt, vor allem wenn sie die hohen Anforderungen des Transports medizinischer Produkte erfüllen können, wie den Transport temperaturempfindlicher Produkte oder die

Rückführung und Entsorgung abgelaufener und qualitativ unzureichender Medikamente. Da immer mehr Pharmahersteller ihre Medikamente in die Absatzmärkte fliegen lassen, stellt Pharma den derzeit am stärksten wachsenden Bereich in der Luftfracht dar. Die deutschen Hersteller sind noch etwas zurückhaltender als die Anbieter anderer europäischer Länder. Sie haben mit etwa zehn Prozent noch einen relativ kleinen Anteil der logistischen Leistungen fremdvergeben. Die Tendenz zeigt aber auch hier nach oben. (16), (17)

Fallbeispiele

Ein Test, den das Deutsche Institut für Service-Qualität (DISQ) bei elf Apothekenkooperationen vor Ort und telefonisch durchführte, um Service-Qualität und Beratung zu prüfen, führte zu lediglich befriedigenden Ergebnissen. Bei Fachfragen, etwa zu den Wechselwirkungen, Einnahmehinweisen und Nebenwirkungen von Medikamenten machten die Mitarbeiter in 22 Prozent der Beratungen unvollständige und in acht Prozent sogar fehlerhafte Aussagen, teilte das DISQ mit. (18)

Eine Studie der Bad Homburger Beratungsfirma Sempora Consulting fand heraus, dass die Hersteller von OTC-Medikamenten es nicht gut genug schaffen, ihre Marken mittels Werbung beim Konsumenten so zu positionieren, dass dieser das Produkt und seinen Nutzen im Gedächtnis behält. (19)

Zahlen & Fakten

Abbildung 1: Apothekenumsatz 2011

Apothekenumsatz 2011	**40,9 Milliarden Euro**	**gesamt**
davon Arzneimittel	37,0 Milliarden Euro	90,5%
davon apothekenübl. Ergänzungssortiment	2,2 Milliarden Euro	5,4%
davon Krankenpflege u. medizin. Bedarf	1,7 Milliarden Euro	4,1%

Quelle: Bundesvereinigung Deutscher Apothekerverbände ABDAEntnommen aus: www.abda.de Die Apotheke. Zahlen, Daten, Fakten 2011 (13)

Abbildung 2: Top 5 Produktgruppen im Apothekenversandhandel nach Umsatz 2011

	Umsatz	**Anteil**

Rang	Produktgruppe	2011 * in Mio. Euro	in Prozent
1	OTC	370	57
2	Rezeptpflichtig	171	27
3	Kosmetik, Körperpflege	63	10
4	Medizinischer Sachbedarf	30	5
5	Ernährung	11	2

* Zeitraum: Januar bis Juni 2011.

Quelle: IMS Health

Entnommen aus: PM-Report, 11/2011, S. 3 (20)

Weiterführende Literatur

(1) Großhandel und Apotheker entzweit
aus PZ Pharmazeutische Zeitung vom 16.03.2012 Seite 10

(2) Handel kürzte Apotheken-Konditionen 2011 um rund 50 Millionen Euro
aus Ärzte Zeitung Nr. 118 vom 29.06.2012, Seite 12

(3) Apotheker finden kein Rezept
aus Nürnberger Zeitung vom 18.08.2012, S. 23

(4) Apotheker gehen auf die Barrikaden
aus manager-magazin.de vom 05.09.2012

(5) Phoenix behält den Bondmarkt im Blick Der Finanzchef des Pharmagroßhändlers über die weitere Refinanzierung, die Konsolidierung in der Branche und Expansionsziele in Europa
aus Börsen-Zeitung, 25.08.2012, Nummer 164, Seite 11

(6) Celesio gibt eigene Apothekenkette auf
aus Frankfurter Allgemeine Zeitung, 15.02.2012, Nr. 39, S. 15

(7) Celesio: Rote Zahlen im ersten Halbjahr
aus PZ Pharmazeutische Zeitung vom 16.08.2012 Seite 11

(8) DocMorris-Apotheken bald unter neuem Namen?
aus PZ Pharmazeutische Zeitung vom 26.07.2012 Seite 10

(9) Wallgreens übernimmt Alliance Boots
aus PZ Pharmazeutische Zeitung vom 28.06.2012 Seite 13

(10) Pharmahändler setzt auf Eigenmarken
aus Handelsblatt Nr. 040 vom 24.02.2012 Seite 23

(11) Alliance Boots will Anzag komplett
aus Handelsblatt Nr. 121 vom 26.06.2012 Seite 022

(12) Verband beklagt Apotheken-Sterben
aus manager-magazin.de vom 09.08.2012

(13) Die Apotheke. Zahlen, Daten, Fakten 2011
aus manager-magazin.de vom 09.08.2012

(14) Gesundheitskompetenz, die sich auszahlt
aus pharma marketing journal Nr. 03 vom 14.06.2012
Seite 012

(15) Versandhandel: Attraktiv für OTC
aus Ärzte Zeitung Nr. 141 vom 15.08.2012, Seite 6

(16) Pharmahersteller suchen Partner
aus DVZ, Nr. 93 vom 04.08.2012

(17) Komplizierte Ketten für Pillenlogistik
aus - LOGISTIK HEUTE, Heft 06/2012, S. 30-32

(18) Studie: Apotheker beraten unzureichend
aus Ärzte Zeitung Nr. 153 vom 31.08.2012, Seite 5

(19) Pharmastudie: OTC-Marken vielfach irrelvant
aus horizont.net vom 28.08.2012

(20) D: Versand von Arznei- und Gesundheitsmitteln
2011
aus PM-Report, 11/2011, S. 3

Impressum

Pharmahandel - Medikamentenverkauf bringt zu wenig Geld

Bibliografische Information der deutschen Nationalbibliothek

Die Deutsche Nationalbibliothek verzeichnet diese Publikation in der deutschen Nationalbibliografie; detaillierte bibliografische Daten sind im Internet über http://dnb.d-nb.de abrufbar.

ISBN: 978-3-7379-2778-9

Vervielfältigungen (Fotokopie/Mikroskopie), Übersetzungen, Auswertungen durch Datenbanken oder ähnliche Einrichtungen und die Einspeicherung und Verarbeitung in elektronischen Systemen.